AF262533

MÉMOIRE

SUR LES MOYENS DE RÉTABLIR

LE CRÉDIT PUBLIC,

ET L'ORDRE

DANS LES FINANCES

DE LA FRANCE.

De l'Imprimerie de C. F. CRAMER, rue des
Bons-Enfans, N°. 12.

MÉMOIRE

SUR LES MOYENS DE RÉTABLIR

LE CRÉDIT PUBLIC,

ET L'ORDRE

DANS LES FINANCES

DE LA FRANCE,

Par le Citoyen LATUDE, auteur des Mémoires historiques sur sa vie, sa détention, durant 35 années, dans diverses prisons d'État, son évasion de la Bastille, et différens Écrits sur l'Art militaire, les Finances, etc.

Prix 60 centimes.

A PARIS,

Chez tous les Marchands de Nouveautés.

BRUMAIRE, AN VIII.

DIVISION
DU MÉMOIRE.

C e Mémoire est divisé en quatre chapitres.

Je démontre, dans le premier chapitre, les dangers imminens de la patrie, et que c'est principalement contre les propriétaires du territoire de la France que conspirent les puissances coalisées.

Dans le second chapitre, je prouve à ces propriétaires que ce sont eux seuls qui paient tous les impôts, quels qu'ils soient, et combien les impôts arbitraires détruisent leurs propriétés.

Dans le troisième chapitre, je leur donne le moyen de secouer le joug du despotisme en matière d'impôt, et de rétablir le crédit et l'ordre dans iv

les finances de la France, en diminuant, de plus de moitié, la masse
de tous les impôts actuels, en dou-
blant les fonds de la dépense publique, et en restituant aux rentiers
leurs anciennes propriétés.

Enfin, dans le quatrième chapitre,
je donne les moyens d'exécution et le
résultat de l'opération.

MOYENS

DE RÉTABLIR

LE CRÉDIT PUBLIC,

ET L'ORDRE

DANS LES FINANCES

DE LA FRANCE.

CHAPITRE PREMIER.

Dangers imminens de la patrie.

Nos ennemis travaillent sans cesse à notre destruction ; il faut nous préserver de ce malheur qui deviendrait universel, et qui nous livrerait à l'exécration de tous les peuples.

Il est certain que, si le despotisme monarchique se rétablissait en France, il en résulterait inévitablement le massacre de vingt millions d'individus au moins, de tout âge et de tout sexe, tant chez nous qu'en Allemagne, en Angleterre, en Écosse, en Irlande, en Amérique, dans la Batavie, l'Helvétie, etc. : voyez-en un commencement de preuves dans nos provinces, en Italie, et surtout à Naples, où les femmes, même du plus haut rang, et les enfans ne sont point exceptés du massacre : autant en arriverait en France pour assouvir la vengeance et la rapacité des prêtres, des nobles, des anciens ministres, magistrats, financiers, et autres partisans du despote, pour assouvir aussi les haines et la cupidité des factions et des familles.

Il en résulterait le replongement des peuples dans les ténèbres les plus épaisses et les plus durables de l'ignorance et de la superstition, par la suppression des écoles et de l'imprimerie, par l'incendie des bibliothèques, par le rétablissement des billets de confession, etc.

Il en résulterait le partage de la France, de la Hollande et de l'Helvétie entre les puissances coalisées; enfin, il en résulterait le despotisme le plus cruel et l'esclavage le plus universel : ainsi quelque sujet de mécontement que l'on puisse avoir du régime actuel, il faut être ou stupide ou féroce pour désirer le rétablissement de ce despotisme en France.

L'objet actuel le plus pressant est de trouver le moyen de préserver la patrie de son envahissement par les ennemis qui sont sur nos frontières, et tous les dangers qui pourraient s'ensuivre; dangers d'autant plus imminens que, discrédité par la banqueroute aux rentiers, et par l'impunité des dilapidateurs de la fortune publique, notre gouvernement manque de fonds pour nos armées, ainsi que pour ses dépenses intérieures, et que, pour s'en procurer, on n'a encore imaginé jusqu'à présent que des moyens insuffisans, oppressifs, ruineux, et qui n'ont fait qu'augmenter la misère et le mécontentement général.

Telle est notre malheureuse situation; et les principales causes en sont dans l'ignorance générale des vrais principes du gouvernement, dans les vieilles erreurs acréditées en ce genre, et dans l'excessive corruption de nos mœurs.

Les auteurs de nos maux ont péché bien
moins par mauvaise volonté que par ignorance, et par une aveugle confiance dans
les ennemis masqués de notre révolution :
ces ignorans ne se doutaient pas qu'une
mauvaise loi est un poignard qui blesse à
la fois des milliers d'hommes, et qu'un
mauvais impôt coûte plus du double et
détruit dix fois plus de revenu qu'il n'en
produit ; ils se doutaient si peu que c'est
l'exercice de l'arbitraire en matière d'impôt
et de législation qui caractérise le despotisme, qu'en exerçant ce despotisme contre
nous ils ne nous parlaient que de république et de liberté.... Mais le nombre des
coupables est si grand, qu'il ne pourrait
résulter de leur punition qu'une guerre
civile ; et c'est ce que sollicitent journel-
lement nos ennemis, par leurs journaux
incendiaires contre nos autorités consti-
tuées, qui semblent prouver, par leur
excessive tolérance pour ces sortes d'écrits,
qu'ils ignorent encore que le régime qui
convient à l'état d'ordre est contraire à
l'état du désordre affreux où nous sommes
depuis trop long-temps, et que c'est pré-

cipiter la destruction d'un corps aussi ma-
lade que le nôtre , que de lui prescrire le
régime d'un corps sain.

Enfin , quels que soient les motifs de
notre mécontentement général , ne nous
occupons que des moyens de sauver la
patrie , et réduisons toutes nos vues aux faits
vrais que voici : le gouvernement manque
de fonds, soit pour nous délivrer de ces
bandes de chouans , assassins et pillards,
recrutés , formés , armés, soldés , dirigés
et commandés par des diseurs de messes et
par des ex-nobles ; soit pour nous défendre
contre ceux qui veulent nous anéantir et
partager nos dépouilles : il faut que les plus
intéressés à nos triomphes volent au secours
de la patrie ; cela est de toute justice, de
toute nécessité , et tout retard nous con-
duirait à des maux incalculables.

Quel est le principal objet de la cupide
ambition des puissances ennemies? C'est
d'envahir notre territoire et ses revenus.
C'est donc essentiellement contre nos propriétaires fonciers que ces ennemis conspirent ; ce sont donc ces propriétaires qui
doivent se secourir eux-mêmes en secourant

la patrie ; eux seuls peuvent , avec leurs propriétés , cautionner solidement leurs personnes , leurs actes , la nation et le gouvernement ; ils sont les premières et les principales victimes de l'erreur et de l'ignorance qui maintiennent le désordre dans nos affaires , qui fondent et qui soutiennent les espérances de nos ennemis ; ce sont ces propriétaires qui , en dernière analyse, paient tous les impôts, toutes les dépenses du gouvernement , parce que tous les moyens de dépense sortent de la terre , et que cette terre et ses produits sont leurs propriétés ; c'est à leurs dépens que s'enrichissent tous les agens de la fiscalité, du négoce ; de l'industrie , et les pillards de la fortune publique : vérités que ces propriétaires ignorent, et que je vais leur développer, pour les éclairer sur leurs droits et sur leurs intérêts, et pour leur faire sentir les avantages et la nécessité d'employer les moyens que je leur proposerai ensuite pour assurer leur salut et celui de la France.

CHAPITRE II.

*Tous les impôts sont, en dernière analyse,
payés par les propriétaires fonciers.*

DE toutes les taxes qui ont été imaginées,
il n'en est pas une seule qui ne finisse par
être payée aux dépens des propriétés fon‑
cières, ou qui ne retombe sur les proprié‑
taires de deux manières, soit en diminution
de revenu, soit en augmentation de dé‑
pense.

L'impôt arbitraire retombe sur le pro‑
priétaire *en diminution de revenu*, parce
que les sommes que paie le cultivateur,
soit en taxes personnelles, soit en taxes
sur les consommations, soit par le renché‑
rissement de la main-d'œuvre, des salaires
et des services de ceux qu'il a besoin
d'employer, et des marchandises qui lui
sont nécessaires; tous ces renchérissemens,
dis-je, l'obligent d'augmenter ses reprises
sur la reproduction au préjudice du produit
net, ou de diminuer ses travaux de culture

en proportion de la spoliation de ses avances ; et de là résultent la diminution de la
reproduction , de la consommation , de la
population , le renchérissement des subsistances et des matières premières ; la diminution des revenus territoriaux , la dégra-
dation des terres et l'avilissement de leurs
prix.

L'impôt arbitraire retombe sur le propriétaire *en augmentation de dépense*,
parce qu'il est obligé de payer plus cher
les salaires, la main-d'œuvre, les services
de ceux qu'il est obligé d'employer , et les
marchandises dont il a besoin.

Ensuite, le gouvernement qui ne reçoit
le revenu public que pour le dépenser,
éprouve de même l'augmentation de sa
dépense et la diminution de son revenu
par le renchérissement des salaires , de la
main - d'œuvre , des services et des marchandises dont il a besoin : si cette augmentation de dépense diminue son revenu
d'un cinquième , il est obligé d'y suppléer
par un emprunt , et de créer de nouveaux impôts pour assurer le paiement
du capital et de l'intérêt des sommes em-
pruntées.

On distingue en six classes toutes les taxes qui ne sont point assises immédiatement sur le produit net de la culture ; savoir, les taxes sur les personnes, celles sur les maisons et propriétés mobiliaires , celles sur les objets de consommation , celles sur le transport des marchandises , leur entrée et leur sortie aux frontières, celles sur l'industrie, et celles sur les actes civils et judiciaires.

Bien loin d'être des revenus , toutes ces taxes sont, au contraire, des dépenses, puisque leurs produits ne consistent qu'en ce qu'elles enlèvent aux revenus particuliers des producteurs et des consommateurs. Le paiement de ces taxes ne peut être pris que sur les dépenses que chacun fait ; cette dépense qui se renouvelle chaque année ne peut être entretenue constamment que par la régénération annuelle de la quantité de productions territoriales qui met en état d'y subvenir , et la quantité de ces productions est toujours proportionnée à celle des avances de la culture.

Sur la reproduction annuelle et générale, il faut commencer par prélever exactement les dépenses qu'il en a coûté pour l'obtenir, et qu'il faut renouveler l'année suivante, sous peine d'en être privé ; il n'y a que le surplus de cette reproduction générale qui compose le revenu des propriétaires fonciers et dont on puisse disposer librement ; et ce revenu disponible est entre leurs mains.

La portion de revenu qui appartient aux propriétaires n'est pas plus arbitraire que celle des cultivateurs.

Les propriétaires ont mis, ou représentent par leurs titres d'acquisition ou d'hérédité, ceux qui ont mis leurs terres en état d'être cultivées, qui les ont desséchées, défrichées, épierrées, nivelées, fossoyées, plantées, encloses, etc. et qui y ont construit les puits, aqueducs, fontaines, abreuvoirs, et les bâtimens de la ferme. Toutes ces dépenses et leur entretien constituent les avances foncières. Les propriétaires ont droit à un intérêt à cinq pour cent du capital de ces avances, et à un pareil intérêt pour leur entretien, leur amélioration, et pour indemnité de leurs risques et pertes.

Dès que le premier prélèvement des

cultivateurs n'est susceptible d'aucun re-
tranchement , il ne peut contribuer en
rien pour les taxes ; par conséquent, on
ne peut compter pour leur paiement que
sur la portion des propriétaires qui en sup-
portent seuls toute la charge , par des effets
plus ou moins compliqués , et que je vais
faire connaître par la distribution annuelle
et naturelle des richesses annuellement
renaissantes , et que nous supposerons valoir, en totalité, un milliard , et par l'analyse des effets de quelques-uns des impôts
ci-dessus énoncés.

Voici quelle est la distribution annuelle
des richesses territoriales dans l'état d'ordre , c'est-à-dire , lorsque le revenu public
est pris immédiatement à sa source et dans
sa juste mesure.

La totalité de la reproduction du territoire se trouve toujours entre les mains des
cultivateurs ; c'est par eux que commence
la distribution de cette richesse : ils com-
mencent par retenir , 1°. le montant de la
totalité de leurs avances annuelles ; 2°. l'intérêt à cinq pour cent de leurs avances
primitives en instrumens aratoires , che-

vaux , bestiaux , etc. ; 3°. une pareille somme pour l'entretien de ces mêmes avances , et pour indemnité de leurs risques et pertes. Les trois sommes réunies emportent communément la moitié de la reproduction , ou cinq cents millions.

Les cinq cents autres millions forment le produit net qui appartient aux propriétaires fonciers , à la charge d'en remettre au gouvernement le cinquième , ou cent millions , qui constituent le revenu public , parce que les quatre autres cinquièmes , ou quatre cents millions , leur appartiennent pour l'intérêt et l'entretien de leurs avances foncières.

Telle est la première distribution naturelle de la totalité des richesses territoriales , et voici la seconde qui la complète ; car on voit bien que ceux qui ne sont, ni cultivateurs , ni propriétaires , ni membres du gouvernement , n'ont encore rien reçu de cette reproduction.

Des quatre cents millions qui restent aux propriétaires , ils emploient deux cents millions en achats de subsistances à la classe cultivatrice , et ils achètent de la classe
industrieuse

industrieuse, pour les deux cents autres millions, des matières fabriquées, et tous les autres services dont ils ont besoin.

Le gouvernement dépense aussi ses cent millions en paiement de subsistances , de marchandises, d'honoraires, de salaires de solde , etc. à la classe industrieuse.

La classe cultivatrice dépense aussi deux cents millions avec la classe industrieuse en paiement de matières fabriquées et des autres services qu'elle en obtient.

Ainsi la classe industrieuse reçoit ,

1°. De la classe des proprié-
taires. . . . . 200 $^{millions.}$

2°. Du gouvernement.   100

3°. De la classe cultivatrice ,   200

$\overline{}$

TOTAL. . . . . . . 500 $^{millions.}$

Enfin , cette classe industrieuse , qui a consommé pendant l'année les deux cents millions de subsistances , et qui est censée avoir vendu les trois cents millions de matières fabriquées, rachète de la classe cul-tivatrice pour deux cents millions de sub-sistances pour continuer sa consommation ;

B

ét pour trois cents millions de matières premières pour recommencer ses travaux.

C'est ainsi que les richesses qui sont
sorties de la terre par les dépenses et les
travaux des cultivateurs et des propriétaires
fonciers, doivent y retourner en entier,
pour être de nouveau reproduites, entre-
tenues, fabriquées et consommées.

Analysons maintenant les impôts qui dé-
rangent cette circulation naturelle et né-
cessaire, et qui en ruinent la source en la
diminuant sans cesse.

Impôts sur les maisons. Une maison
ne *produit* (1) pas les moyens de payer son
loyer ; si elle est habitée par son propriétaire, il n'en a pas plus de revenu, il
gagne seulement ce qui lui en coûterait
pour payer son logement ailleurs ; s'il y a
de l'économie sur sa dépense particulière,

---

(1) Dans notre sens, *produire*, signifie *créer* ; ce
qui n'existait pas. L'excédent d'une récolte au-
delà de tout ce qu'elle coûte est certainement une
création. Une maison, loin de produire un excédent, ne rapporte que rarement l'intérêt de ce
qu'elle a coûté à bâtir et de ce qu'elle coûte pour
son entretien.

il n'y a point d'acroissement pour le revenu général.

Si c'est un propriétaire foncier qui prend cette maison à loyer, il est évident que ce loyer est payé directement par une partie du revenu de ses domaines, n'ayant pas d'autre revenu dont il puisse disposer.

Si elle est louée à un rentier, ou ce rentier est co-propriétaire d'un domaine sur lequel sa rente est hypothéquée, et c'est avec ce revenu territorial qu'il paie son loyer; ou sa rente lui est payée par quelque agent du négoce ou de l'industrie, et ce revenu commercial ou industriel n'est qu'une portion des bénéfices de ceux qui le lui paient : et, comme on l'a vu dans le précédent tableau de la circulation, ces bénéfices viennent de ce que les marchands et les fabricans reçoivent annuellement, par la dépense que font avec eux les cultivateurs, les propriétaires fonciers, le gouvernement et les simples consommateurs.

La rente commerciale ou industrielle et le loyer qu'elle paie, font donc partie du revenu territorial.

En effet, les agens du négoce ou de l'industrie ne sont que des canaux qui distribuent ce qu'ils reçoivent, sans y ajouter autre chose que des frais; les formes qu'ils donnent aux matières premières, les reventes et le voiturage ne sont que de simples modifications et des déplacemens : en suivant ces objets, depuis l'instant qu'ils sortent des mains des producteurs, *premiers et seuls vendeurs*, jusqu'à celui où ils sont remis dans les mains de ceux qui doivent les consommer, on ne peut trouver, dans le prix des ouvrages manufacturés, que les quatre articles suivans : 1°. la valeur des matières premières ; 2°. la valeur des salaires reçus et des denrées consommées par les ouvriers qui les ont travaillées ; 3°. l'intérêt légitimement dû au fabricant pour les sommes par lui avancées ; 4°. les profits qui lui sont également dus pour ses talens et ses peines.

De même, les droits du *revendeur*, marchand, négociant, voiturier, ou commissionnaire, ne peuvent consister que dans le remboursement, 1°. du prix en première main des denrées et marchandises ;

2°. de ses frais de transport ; 3°. dans l'intérêt des sommes qu'il a avancées; 4°. dans
un profit pour ses peines.

Le surcroît de richesses que ces objets
présentent dans les lieux où ils sont trans-
portés, est égal au vide qui se trouve alors
dans les lieux où ils ont été enlevés; il n'y
a qu'un changement dans la distribution;
la masse reste la même.

Le dernier degré de cette analyse démontre que les moyens dont les marchands
peuvent disposer pour leurs jouissances particulières, ne sont que des profits ou des
bénéfices qu'ils ont faits sur leurs reventes;
d'où il résulte que ces bénéfices ne sont
qu'une partie de la reproduction du territoire, et que les loyers qu'ils paient,
ainsi que les intérêts des capitaux qu'ils em-
pruntent, ne sont qu'une portion de ce qui
leur est ainsi concédé à titre de salaires ou
de bénéfices sur la reproduction annuelle.

Il doit être évident pour les propriétaires,
fonciers, pour les cultivateurs, pour le gouvernement et pour les simples consommateurs, que ce sont eux qui paient tous les
services , les salaires et les bénéfices des

B 3

agens du négoce et de l'industrie : ainsi tous ces salaires et bénéfices doivent être mis dans le calcul des dépenses de ceux qui les paient, et non en recette, comme font ceux qui regardent les bénéfices des agens du négoce et de l'industrie comme richesses nationales, parce qu'elles sont dans la nation ; c'est comme le propriétaire de maison qui se croirait riche de la richesse de ses locataires.

Les principes ci-devant appliqués aux impôts sur les maisons, ou sur leurs locataires, doivent être également appliqués aux autres impôts arbitraires.

Second exemple. En 1775, on estimait qu'il y avait en France seize cent mille arpens de vigne, chaque arpent produisant, année commune, cinq tonneaux de vin, et au total, huit millions de tonneaux de deux cents pintes chacun.

Le nouvel impôt d'un sous par pinte aux entrées des villes, est par conséquent de dix livres par tonneau, et de quatre-vingts millions pour les huit millions de tonneaux ; supposez que les propriétaires en gardent un quart pour leur consommation, c'est soixante millions qu'ils perdent sur les trois autres quarts, car c'est toujours celui qui vend qui supporte la perte.

Indépendamment de cet impôt, chaque arpent de vigne paie encore au moins trois francs de contribution foncière ; ce qui fait encore une dépense au moins de quatre millions huit cent mille fr., auxquels il faut ajouter, pour centimes additionnels, pour frais de régie et de perception de ces deux impôts, pour faux-frais, exactions, perte de tems etc., au moins quinze millions deux cent mille fr., ce qui porte, au total, l'impôt sur les vignes à quatre-vingts millions, dont le gouvernement ne reçoit pas le tiers, et dont il rend encore une partie par sa dépense pour sa propre consommation.

Cet impôt destructif des vignes, non-seulement empêche d'en planter, mais il doit forcer d'en arracher une partie proportionnée à la quantité de tonneaux qui resteront invendus, par la diminution de consommation forcée, par le renchérissement des vins. Cependant, les vins de France sont une de ses principales richesses, et l'un des privilèges exclusifs dont la nature l'a gratifiée.

Enfin, cet impôt est certainement payé par les propriétaires des vignes, en dimi-nution de leurs revenus ; il en est de même des droits d'enregistrement et de ratification, qui avilissent les prix des domaines aux dépens de ceux qui les vendent, et de même de tous autres impôts arbitraires.

Je le répète : il n'y a aucun de ces impôts qui ne commence par altérer les avances de la culture et ses produits, parce que les cultivateurs, ne pouvant prévoir ces spoliations , n'ont pu faire des réserves pour les sommes que la force leur arrache ; ils ne peuvent les payer qu'aux dépens du fonds de leurs avances. Or, les avances étant la mesure de leurs travaux et de la reproduction, ce qui en est enlevé est donc nécessairement la mesure de la diminution de tous les deux.

En même tems que la culture est spoliée par les impôts arbitraires, qu'elle supporte directement (car les cultivateurs sont taxés ainsi que les bâtimens de la ferme qui ne doivent l'être ni les uns ni les autres) elle est encore enchaînée par les impôts

indirects que l'erreur croit lui être étran-
gers. Toutes les taxes qui sont assises sur
les consommations, renchérissent, pour les
consommateurs et avilissent, pour les producteurs, les valeurs des objets sur lesquels
elles sont assises.

L'effet du *renchérissement des prix* est
nécessairement de diminuer la quantité
des achats, et force par conséquent, de
cesser de cultiver ce qui ne peut plus être
vendu.

L'avilissement des prix de ces productions en produit la même extinction en
forçant de laisser dans le néant ce qui ne
peut plus être vendu qu'avec perte.

Dans l'état de détresse où les impôts arbitraires réduisent les fermiers pendant le
cours de leurs baux, ils sont forcés, comme
il est dit ci-devant, de resserrer l'étendue
de leur culture, et d'acroître progressive-
ment, chaque année, le vide de la reproduction générale ; le terme de ces dom-
mages est la fin de leurs baux ; alors com-
binant un nouveau bail sur l'état actuel
des choses, ils exigent des propriétaires
une diminution proportionnée au dépéris-

sement de leurs fermes , et le revenu se trouve ainsi diminué, 1°. de ce que les fermiers doivent ajouter à leurs reprises pour faire face au renchérissement de leurs dépenses ; 2°. de l'affaiblissement de valeur sur la part qu'on doit leur accorder sur la reproduction; 3°. du vide produit par l'affaiblissement et le resserrement de la culture ; 4°. ils paient en outre , sur ce revenu ainsi mutilé , la portion de taxes assises sur leurs dépenses particulières.

Ces impôts arbitraires intéressent une horde de gens avides , parce qu'ils sont pour eux des moyens de rapine et de prompte fortune. Ces impôts sont toujours préférés par les despotes et par leurs ministres , parce qu'ils rendent impénétrables la recette et la dépense, et qu'ils facilitent les exactions et les extensions arbitraires : mais on ne viole jamais impunément les lois de la nature ; aucune puissance ne peut se soustraire à sa vengeance; ces spoliations ont un terme , au bout duquel les spoliateurs subissent la peine due à leurs crimes; et c'est une pareille inconduite qui a stérilisé et dépeuplé un tiers du territoire

de la France , et l'a couvert de landes,
de bruyères, et de marais infects.

Ces impôts , toujours accompagnés de
frais énormes de régie et de perception ,
d'exactions , de formalités longues et vexa-
toires, créent la fraude et la contrebande,
d'où résultent des procès, des confiscations
et une guerre intestine et perpétuelle des
gouvernans contre les gouvernés.

Ces impôts sont dans le gouvernement
d'une nation essentiellement agricole , une
absurdité monstrueuse qui ne peut qu'in-
troduire le despotisme , s'il n'y existe pas,
et l'armer, s'il y existe, pour la destruction
de la nation et pour la sienne.

Ces impôts diminuent tellement les revenus particuliers et le revenu public, qu'ils
finissent par détruire ce qui les produit ; et
lorsqu'ils sont devenus insuffisans ou nuls,
ils forcent de recourir à des emprunts dont
les intérêts sont d'autant plus forts et plus
onéreux que le gouvernement en a plus
besoin ; ensuite, pour assurer le paiement
de ces gros intérêts , il faut leur hypothé-
quer le produit des impôts, ou en établir
de nouveaux à cet effet.

D'impôts en emprunts, et d'emprunts en impôts, on absorbe tous les revenus, toutes les ressources ; puis vient la banqueroute, ou une révolution qui renverse tout et qui entraîne dans l'abîme les oppresseurs et les opprimés, les tyrans et les esclaves.

Enfin, c'est l'exercice de l'arbitraire, en matière d'impôt et de législation, qui caractérise le despotisme, quels que soient la forme et le nom que l'on donne au gouvernement. Aussi longtemps qu'existera ce despotisme, les révolutions ne feront que se succéder infructueusement, et les peuples ne feront que changer de chaînes pour en prendre souvent de plus lourdes.

Il résulte de ces observations que tous les impôts, quels qu'ils soient, sont payés directement ou indirectement par les propriétaires fonciers, soit en augmentation de leurs dépenses, soit en diminution ou destruction de leurs revenus ; et nous pensons que la démonstration de cette vérité est un des plus importans services qu'on puisse rendre à la société.

Puisse le développement de ces vérités

faire connaître qu'il existe une science du gouvernement , dont les principes n'ont rien d'arbitraire ! Puisse-t-on se persuader que l'ignorance générale de cette science des Turgot, des Condorcet , etc. est une des principales causes de nos maux ! Enfin , puisse-t-on se déterminer à en établir l'enseignement ! Il est difficile de faire un vœu plus patriotique et plus philantropique

---

CHAPITRE III.

Moyens de rétablir le crédit public et l'ordre dans les finances de la France.

LE gouvernement français reçoit au plus six cents millions de tous les impôts établis et du produit des domaines; et ces impôts , qui se détruisent réciproquement, coûtent aux propriétaires fonciers au moins *douze cents millions* , à cause des centimes additionnels, des frais de régie et de perception, des faux-frais, des garnisaires , et des exactions inséparables des impôts arbitraires.

Tous ces impôts, y compris celui de la contribution foncière, également arbitraire, puisque les cultivateurs et les bâtimens ruraux sont taxés ; tous ces impôts, dis-je, anéantissent chaque année une portion de la reproduction d'une valeur décuple de ce qu'ils produisent ; d'où résulte la continuelle spoliation de la culture, le continuel avilissement du prix des baux et de celui des terres ; le continuel appauvrissement des revenus territoriaux et du revenu public ; la continuelle diminution de la masse des subsistances, des matières premières et des ressources du commerce et de l'industrie ; enfin, il en résulte le continuel acroissement de la stérilisation du territoire de la France, de sa dépopulation, de la misère et du mécontentement général.

Tels sont les effets de l'exercice de l'arbitraire en matière d'impôt et de législation ; ce sont ces abus qui ont occasionné le renversement du trône ; c'est la continuation de ces mêmes abus qui cause notre excessive pénurie, comme c'est la banqueroute aux rentiers qui a détruit notre crédit, et qui s'oppose à ce que notre gouverñement trouve les ressources dont il a si grand besoin. Cependant notre perte est inévitable, s'il ne reçoit pas de prompts secours, ou s'il continue d'employer la violence pour en obtenir ; ce n'est qu'en rentrant dans les sentiers de la justice qu'il peut recouvrer la confiance publique ; et, bien certainement, si on lui ouvrait les voies de salut public, il s'y précipiterait.

Je le répète : les moyens de salut public ne sont que dans les mains des principales victimes du despotisme, ou des propriétaires du territoire de la France ; eux seuls peuvent faire cesser ce despotisme ; eux seuls peuvent, avec leurs propriétés, cautionner solidement leurs personnes, leurs actes, la nation et le gouvernement ; et par la raison qu'ils y sont réellement les plus intéressés, j'espère qu'ils saisiront les moyens que je vais leur présenter pour recouvrer leurs droits et leur tranquillité ; et je suis persuadé que le gouvernement qui, par l'heureuse révolution du 18 brumaire, vient de ressaisir les pouvoirs qu'il avait perdus, qui lui sont nécessaires pour travailler au bonheur du peuple, les accueillera favorablement. Les voici :

Il a été constaté, par la première assemblée nationale, que les revenus annuels et territoriaux du haut et du bas-clergé étaient en France de douze cent quarante-huit millions, ce qui donne en fonds un capital de trente milliards, non compris la valeur de leurs églises et de leurs maisons, qui valaient, ensemble, au moins dix milliards, et que ces possessions ecclésiastiques occupaient environ le tiers du territoire de la France.

Un second grand tiers était possédé par les nobles, et ce tiers, avec leurs maisons, valait autant que celui du clergé.

Enfin, le tiers restant du territoire français, appartenant aux petits propriétaires, est, avec leurs maisons, évalué vingt milliards : ainsi la valeur de l'ancien territoire de la France est de cent milliards, non compris environ un cinquième dont notre territoire est augmenté par nos nouvelles conquêtes, et qui pourrait bien valoir vingt milliards.

Nous observons que six deniers pour livre de ces cent milliards formeraient la somme de cinq cents millions, et c'est de cette

somme

somme dont nous proposons de faire res-
source ainsi qu'il suit :

Nous supposons que les principaux propriétaires fonciers, instruits de leurs intérêts par ce Mémoire, s'assembleront à
jour convenu, par une circulaire, dans le
chef-lieu de leurs départemens respectifs,
pour consulter ensemble notre projet ; et
que, de concert, chaque assemblée départementale enverra, dans le plus bref délai,
au Consulat de la République, une lettre
conçue à peu près dans les termes suivans :

« Nous, propriétaires du territoire de la
France, payons par an au moins douze
cents millions d'impôts, qui ruinent nos
revenus et ceux du gouvernement. Le gouvernement reçoit, tout au plus, la moitié
de cette somme, et cette moitié ne lui suffit
point, soit parce que les dépenses forcées
sont plus considérables, soit parce que ce
produit des impôts est agioté et vendu usu-
rairement aux créanciers de l'état.

» Pour mettre fin à ces abus désastreux,
et pour subvenir aux pressans besoins de
l'état, nous nous engageons de fournir,
dans les quatre premiers mois de l'an 8,

C

1°. cinq cents millions en numéraire (1);
2°. pour cinq cents millions de lettres de change, hypothéquées sur la valeur de nos propriétés foncières, toutes charges déduites, et dont le paiement sera, comme deniers publics, privilégié à toute autre hypothèque.

» Nous nous engageons de continuer cette même contribution pendant les trois années suivantes; et chaque année on brûlera les lettres de change de la valeur de cinq cents millions de l'année précédente.

» Cependant, si nous le jugeons conforme à l'intérêt commun, nous conserverons les lettres de change de la troisième année, pour former, dans chaque chef-lieu de département, le premier fonds d'une banque

---

(1) Ce qui fait environ cinq millions pour chacun de nos cent trois départemens. Il restera quinze millions à partager entre eux pour les frais indispensables de l'opération, ce qui formera pour chacun environ quarante-huit mille cinq cent quarante-quatre livres.

Cinq cent mille propriétaires, payant chacun cent livres, formeraient les cinq cents millions.

rurale, destinée au desséchement des marais, au défrichement des landes, bruyères
et vaines pâtures communales, à la replan-
tation des forêts, à la construction des canaux de navigation, au nétoiement et
redressement des rivières, etc.

» Ainsi, le revenu public serait composé,
pendant trois ans,

1°. De cinq cents mil-
lions de lettres de change
territoriales, ...   5oo millions.

2°. De cinq cents mil-
lions en numéraire, ...   5oo

3°. Du revenu des do-
maines nationaux , . . .   20

4°. Du revenu des forêts
nationales, ...   25

5°. Du produit des postes
aux lettres, salines et voi-
tures publiques , ...   23

TOTAL un milliard 68
millions. . . . .   1,o68,ooo,ooo f.

» Les lettres de change serviront, non-seulement à acquitter la contribution territó-
riale susdite, mais aussi toutes les dépenses

intérieures de l'état , excepté celles des troupes , qui seront payées en numéraire.

» Ces ressources devant être plus que suffisantes aux dépenses ordinaires et extraordinaires pendant la guerre , tous autres impôts seront supprimés, et il sera fait remise de l'arriéré des contributions aussitôt que le milliard ci-dessus énoncé sera réalisé ; et le gouvernement s'interdira d'établir de nouveaux impôts, et d'augmenter sa contribution territoriale par des centimes additionnels , sans le consentement formel de la majorité des propriétaires.

Il est de toute justice que les fermiers et métayers , qui ont dû porter en compte le montant de leur contribution foncière pour fixer le prix de leurs baux, continuent de payer cette contribution , mais au profit de leurs propriétaires, si mieux n'aiment lesdits fermiers et métayers augmenter les prix de leurs baux actuellement du montant de leur contribution foncière.

» C'est par l'injustice faite aux rentiers que le gouvernement a perdu tout crédit, qu'il est réduit à subir les lois les plus dures de la part des capitalistes , des fournisseurs, etc. et qu'il est dans un si grand embarras pour ses dépenses intérieures et extérieures ; ce n'est qu'en rentrant dans les voies de la justice, ce n'est qu'en renonçant à tout arbitraire, en matière d'impôt, et ce n'est que par la plus scrupuleuse exactitude à remplir ses engagemens que le gouvernement peut recouvrer la confiance publique, et se débarrasser de ces légions de vampires qui abusent de nos besoins pour sucer jusqu'à la dernière goute de notre sang.

» Le gouvernement, au moyen des ressources que nous lui offrons, restituera donc aux rentiers leurs anciens contrats, dont les arrérages, ainsi que ceux des pensions, leur seront exactement payés tous les six mois et dans leurs départemens, à compter du premier vendémiaire de l'an 8, avec les lettres de change susdites, payables à vue ; et ces rentiers seront invités à faire à la patrie le sacrifice de l'arriéré qui leur est dû.

« Le gouvernement destinera au remboursement des rentes perpétuelles le produit de la vente des domaines nationaux qui restent à vendre, et s'interdira de créer

de nouvelles rentes , perpétuelles ou via-
gères, sans le consentement formel de la
majorité des propriétaires, parce que ces
rentes seraient encore payées par les revenus territoriaux qui seuls contribuent au
revenu public. »

CHAPITRE IV.

Moyens d'exécution.

LA répartition des cinq cents millions se
fera entre tous les départemens et cantons,
d'après les rôles actuels de la contribution
foncière , qui sera supprimée dès que
celle-ci sera établie.

Toutes cotes au-dessus de 5 francs seront
payées en numéraire ainsi que les appoints
des autres cotes.

Chaque propriétaire se taxera lui-même ;
mais comme il faut que les cinq cents millions en numéraire soient réalisés, il sera
fait dans chaque chef-lieu de canton un
relevé de la taxe que chaque propriétaire

se sera faite, et la liste en sera imprimée
en placard et affichée dans le bureau du
syndic-receveur de chaque commune où
elle pourra être contrôlée par tous les intéressés; et s'il y a lieu à supplément, ceux
qui seront jugés par les directions canto-
niales être dans le cas de la surcharge,
s'exécuteront eux-mêmes; sinon, ils y seront contraints par le comité de direction
cantonial, et seront obligés de payer, no-
nobstant l'appel à la direction départementale.

Chaque propriétaire, pour payer sa part
de contribution territoriale, achetera et
paiera, en numéraire, une lettre de change
du montant de sa contribution, puis donnera cette lettre en paiement au receveur
de ladite contribution qui en donnera quit-
tance.

Ceux qui ne voudront point acheter ces
lettres de change et qui préféreront de
payer en argent, seront obligés de payer
dix pour cent de plus du montant de leur
cote.

Ces lettres de change territoriales seront fabriquées d'une manière infalsifia-

ble ; les sommes en seront en blanc ; elles seront distribuées dans les bureaux établis à cet effet dans chaque chef-lieu de canton, et elles seront signées du propriétaire contribuant, du président de la municipalité cantoniale et du président de la direction cantoniale, qui seront solidairement responsables.

La responsabilité de ces magistrats cessera dans le cas où des auteurs de lettres de change territoriales auraient secrètement et frauduleusement disposé de leurs biens, de manière que leurs lettres fussent insolvables ; alors ces lettres seraient néanmoins reçues pour comptant par les receveurs du trésor public, mises au rang des dépenses extraordinaires, et brûlées.

Ces lettres de change seront à trois mois d'échéance, et payables à vue et en numéraire, au bout du terme, dans toutes les caisses qui seront, par les propriétaires, établies à cet effet dans chaque chef-lieu de canton.

Tout caissier de la direction de la contribution territoriale auquel on présentera une lettre de change, échue, ou prête à échoir, pour être payée, s'il ne peut l'acquitter de suite, écrira et signera au dos : *présentée tel jour, payable tel jour*; et le délai du paiement ne pourra jamais être de plus de huit jours, à compter de la date de la présentation.

Tous les premiers du mois le receveur de la contribution rendra ses comptes à la municipalité du chef-lieu de son canton ; il remettra les lettres de change qu'il aura reçues, ainsi que les cotes et appoints en numéraire, et il en recevra décharge.

Ces lettres de change seront employées à payer les créanciers de l'état, tous les fonctionnaires employés, et toutes dépenses publiques, excepté celles pour les troupes.

L'emploi des fonds provenans de cette contribution territoriale sera dirigé, 1°. par une assemblée de propriétaires résidans dans chaque chef-lieu de canton ; 2°. par une direction supérieure de propriétaires résidans dans le chef-lieu de chaque département; 3°. par une direction générale et centrale établie à Paris, et composée d'un député de chaque direction départementale.

Chaque direction nommera ses employés

à la répartition, recette et dépense de cette contribution.

Il est de toute justice et de l'intérêt des contribuans, qu'à mérite égal d'ailleurs, ceux qui donneront les plus fortes contributions soient préférés pour les emplois supérieurs de ces directions, comme étant les plus intéressés à leur bonne administration.

La direction générale et centrale surveillera les intérêts des contribuables, et la distribution de leurs fonds aux différens ministères ; elle se fera rendre le compte le plus détaillé de leur emploi, et le publiera.

Il est évident que ces lettres de change seront incomparablement plus solides que ne seraient celles de la réunion de tous les banquiers de l'Europe , puisqu'elles seront hypothéquées sur des fonds connus libres et saisissables à défaut de paiement, qu'elles ne seront sujettes à aucun arbitraire de la part du gouvernement , et que les propriétaires auront le plus grand intérêt personnel à maintenir leur crédit.

En proposant aux propriétaires de ren=

trer dans la jouissance de leurs droits, de secouer le joug de l'arbitraire en matière d'impôt , de se débarrasser de ceux qui détruisent leurs propriétés et leurs produits, de surveiller et de diriger eux-mêmes leurs intérêts ; enfin, en leur présentant les vrais moyens de se préserver des dangers affreux dont ils sont menacés , nous ne voyons aucune raison pour eux de rejeter ce projet ; et s'ils pouvaient être insensibles à de si grands intérêts personnels , ils le seraient bien plus encore aux exemples que leur donnent les Anglais, en sacrifiant à leur sûreté la dixième partie de leurs revenus , indépendamment de la masse énorme d'impôts qu'ils paient , et les Hollandais, qui sacrifient jusqu'au quart de la valeur de leurs propriétés.

Malgré sa dette énorme de douze milliards dont elle paie trois cent soixante millions d'intérêt annuel à trois pour cent , l'Angleterre soutient son gouvernement, sa monstrueuse marine, ses colonies, son crédit intérieur , soudoie les puissances coalisées, avec le produit de ses impôts , avec environ neuf cents millions de numéraire

et avec environ six milliards de billets
de banque, sans hypothèque, qui n'ont de
valeur que celle qu'ils sont forcés de con-
sentir, et dont la circulation ne continue que
par l'intime conviction, qu'ont leurs posses-
seurs, qu'ils occasionneraient la plus énorme
banqueroute et l'entière destruction de leur
crédit public, s'ils voulaient exiger le paiement de ces billets en numéraire.

Comment donc les lettres de change de
nos propriétaires, hypothéquées sur leurs
biens connus saisissables, et qui ne seraient
aucunement sujettes aux abus de l'autorité,
n'acquerraient-elles pas le plus grand crédit, surtout lorsqu'on sentirait tous les
avantages de ce crédit pour mettre fin à
nos maux et pour assurer notre prospérité ?

Il résulterait en outre, de l'exécution de
ce projet, l'établissement du meilleur esprit
public en France , et qui aurait pour objet
la plus grande et la plus constante prospérité de l'agriculture, la plus constante abon-
dance des subsistances et des matières premières, la liberté, l'immunité, la prospérité
du commerce et de l'industrie.

Il en résulterait la suppression de l'arbitraire en matière d'impôt, arbitraire qui a détruit les empires dont il ne reste que le souvenir.

Il en résulterait l'impossibilité des fortunes financières.

Il en résulterait la réforme des lois qui ne seraient plus exécutables qu'autant qu'elles seraient parfaitement conformes au droit de propriété, dont ceux de liberté et de sûreté sont inséparables.

Il en résulterait la destruction du despotisme ; enfin, il en résulterait le gouvernement le plus riche, le plus puissant, le plus chéri.

Tous ces bienfaits doivent résulter de la révolution qui vient d'établir en France le règne des lumières et de la probité.

Quelque extraordinaire que puisse paraître ce projet, en raison de l'ignorance générale de la science du gouvernement, nous espérons qu'il fixera l'attention particulière du gouvernement et des propriétaires fonciers, et nous offrirons les développemens qu'on pourra désirer pour son exécution.